8
LN27
43220

NOTES SUR MANDRIN

PAR

J. DE FRÉMINVILLE,

Archiviste de la Loire.

IMPRIMERIE ÉLEUTHÈRE BRASSART,
RUE DES LEGOUVÉ, 20,
MONTBRISON
1894

NOTES SUR MANDRIN

En dépouillant les registres de baptêmes, mariages et sépultures de la commune de Saint-Médard, du canton de Saint-Galmier, j'ai trouvé relatées sous formes de note de souvenir, de chanson et de complainte des appréciations sur le plus célèbre contrebandier du XVIII° siècle, appréciations qui m'ont paru peu en rapport avec ce que l'imagination ou les traditions plus ou moins travesties ont fait de cette étrange physionomie.

Mandrin, au moins dans les campagnes, auprès du populaire, passe ordinairement de nos jours pour une sorte de brigand calabrais ou de détrousseur de grandes routes, en lutte avec toute la société, sans distinction de personnes.

A s'en rapporter à ce que dit l'humble desservant d'une petite paroisse, contemporain des faits, et qui par sa situation était à même de bien recueillir les impressions de paysans vivant dans une province et à proximité de localités — Montbrison, Boën, St-Bonnet-le-Château, St-Etienne — visitées chacune deux fois en l'espace de six mois par Mandrin et sa troupe, il faudrait seulement voir dans ce héros de légendes un ennemi juré des fermiers-généraux et de leur administration qu'il considérait comme oppressive et mettait en coupe réglée par les plus grandes violences. La régie de l'époque, par ses exactions, était peu en faveur, d'où l'on s'explique facilement qu'auprès du peuple, des petits qu'il n'attaqua jamais, qu'il défendit et secourut même parfois — on cite de lui des traits de générosité — Mandrin ait passé de son vivant pour un vengeur et après sa mort pour une victime malgré le côté tout personnel de ses entreprises.

**

Extraits des registres paroissiaux de la commune de Saint-Médard, canton de Saint-Galmier (Loire). — Notes rédigées par l'abbé Léonard, vicaire desservant.

Année 1754.

Notte sur le brave *Mandrin*, chef des contrebandiers, qui avoient apportez dans ce pais du bon tabac de Saint-Vincent pour 35 s. à 36 s. la livre, ce qui faisait autant de plaisir que de service au public dont il s'était attiré la confiance et à ses gens. Après quoy, ledit Mandrin, intrépide, en fournit aux grands déposts, au bureau de la ville de Montbrizon, du Puy et de plusieurs autres villes jusqu'en Auvergne auxquels il le vendait sur le pied du tabac d'Hollande et en même tems faisait ouvrir les portes des prisons royaux et mettait en liberté les prisonniers, à l'exception toutefois de ceux qui y étaient pour vols et rapines, sans que personne s'y opposat, pas même le ministère public.

Il était si vigoureux et redoutable qu'à la

tête de sa troupe il passa et repassa le Rhône, malgré le régiment de la Morlière-Dragon qui le bordait et qu'il fit plier. On n'a pas vu son pareil pour le courage et l'entreprise ; aprez son passage du Rhône, ayant cessé de faire son commerce à cause de quelques dragons que le roy avoit envoyé dans les provinces pour l'arrêter, outre le régiment de la Morlière, l'on prétend que ledit Mandrin a mis à contribution la ville de Beaune en Bourgogne pour la somme de 20.000 l. et la ville d'Autun pour 10.000 l. pour solder ou soudayer sa troupe pour gagner le païs étranger et l'on croit qu'il s'est luy-même retiré à Paris pour être plus en grande sécurité. L'on n'en sait pas davantage jusqu'à présent.

*
* *

Année 1755.

CHANSON A LA LOUANGE DU GRAND MANDRIN

Brave Mandrin !
Que ne fais-tu rendre bon compte,
Brave Mandrin !
A tous les maltotiers de vin,
De sel, de tabac, qu'ils n'ont honte
De voler pauvre, riche et comte.

Brave Mandrin !
Quelle nation
Eut jamais fait de connoissance,
Quelle nation,
Avec gens fait de tel façon !
Qui sans étude ni science
A parcouru toute la France
Sans émotion,
Passant partout.
Dans les villes, à la campagne
Passant partout
Sans craindre Morlière du tout.
Ta troupe et toy as l'avantage
De faire un païs de cocagne
Passant partout.

Enfin le grand Mandrin est expiré à Valence au milieu de cette année entre le ciel et la terre, dont vaicy l'épitaphe :

Tel qu'on vit autrefois Alcide
Parcourir l'univers la massue à la main
Pour fraper plus d'un monstre avide
Qui désolait le genre humain ;
Ainsy j'ay parcouru la France
Que désolaient mille traitans,
J'ay péry pour avoir dépouillé cette engence.
J'aurais jouy comme eux d'une autre récom-
[pence,
Si j'eusse dépouillé des peuples innocens.

27

www.ingramcontent.com/pod-product-compliance
Lightning Source LLC
Chambersburg PA
CBHW071432060426
42450CB00009BA/2145